菜1品で
作れる！

ゆるっと整う
やさしさごはん

河原希美
料理家／管理栄養士／アーユルヴェーダ講師

KADOKAWA

JN038278

Prologue

食のちからで、自分を整えて、心地よく生きる。

はじめまして。料理家の河原希美・のんです。
大学で栄養学を学んだのちに管理栄養士となり、
その後食品メーカーで勤務していました。

現在は、自然医学アーユルヴェーダの知識をもとに、料理教室、講座、
カウンセリング、レシピ開発など、からだと心を整える活動を行っています。

20代前半までの私は、とにかく不調が多くて、心も曇りがち。
それなのに無理なダイエットを繰り返して、
偏頭痛、便秘、生理痛、口内炎……毎日何かしらの不調があった気がします。

そんな自分をなんとかしたくて、大学で学んだ栄養学を上書きするように、
いろいろな食養生を学び、食べることを通して、からだを整えることを始めました。

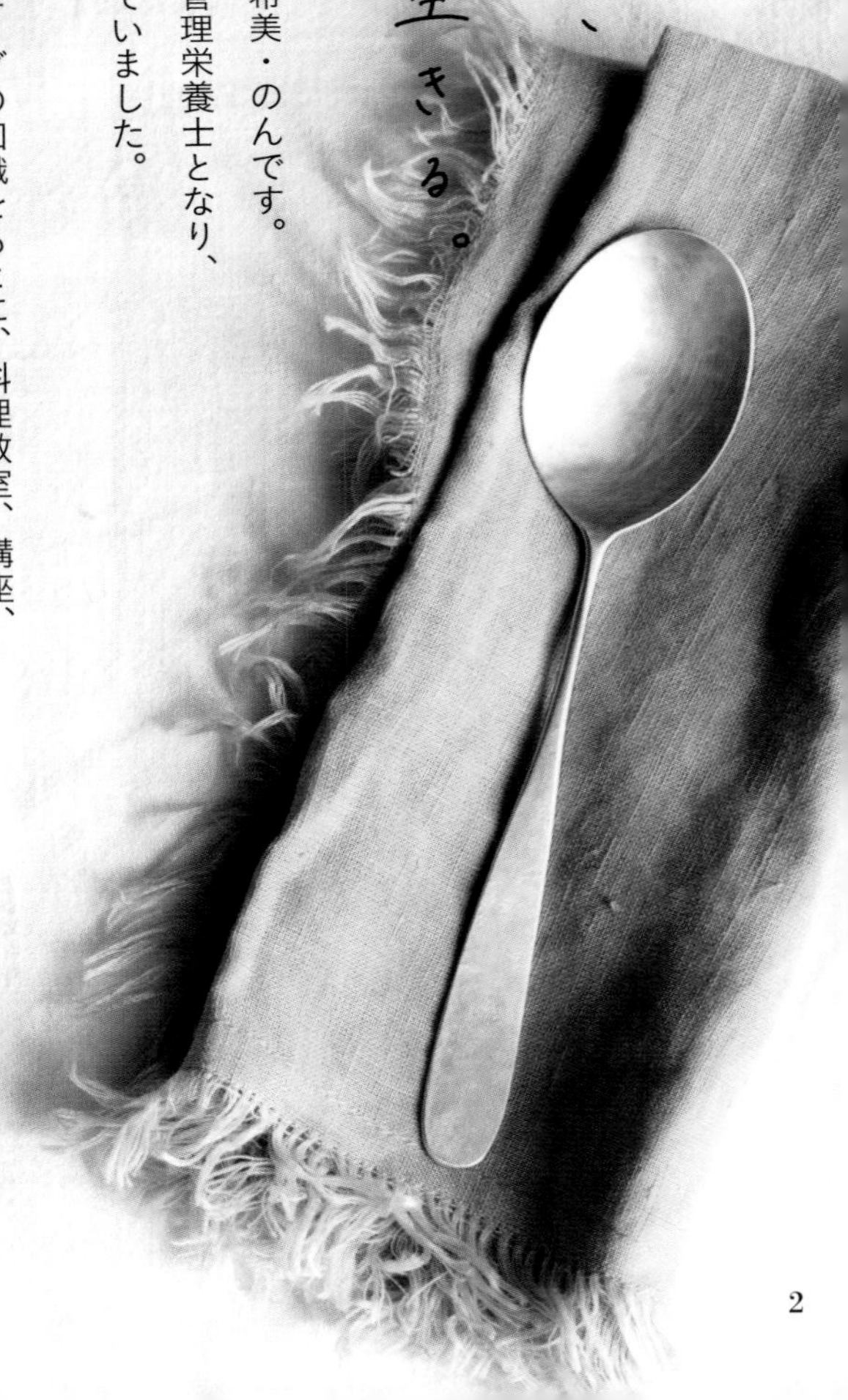

食を見直したことで、当時の不調はすっかりよくなり、
心も安定し、やさしく、穏やかに。
ようやく心地いい自分になることができました。

そんな私も、もともとは料理を難しく考えていて、
一人暮らしを始めた頃は家族に心配されるくらい、とても料理が苦手でした。

ですが、素材の味を引き出すシンプルな調理を意識すると、
料理は心地よさと、癒しを与えてくれる大切な手段になりました。

食べるもので、私たちのからだと心は整えることができると気づいたのです。

日々の生活における料理は、人生を心地よくするためのものです。
難しく考えなくていいのです。

この本が〝心地よく料理をすること〟〝心地よい自分を作ること〟の
きっかけになってくれれば、とてもうれしいです。

河原希美

野菜がやさしく満たしてくれる存在に

忙しい毎日をすごしていると、
自分のために、野菜を使って料理をすることが、
少なくなってしまうことも。

この本を通じて野菜のおいしい食べ方を知ると、
こんなにもシンプルに、満たされる料理ができることに気がつきます。

それぞれの野菜そのものの味を感じられ、
その野菜のもつ性質もわかってくるから、
今の自分が、何を食べたいかがはっきりしてきます。

なんだか疎遠だった野菜が、
どんどん身近になっていく。

「今日はやさしい味のかぶを食べたい気分かな」

気がつけば、今日も野菜を使って、
自分を満たす料理を作りたくなっているはずです。

野菜1品で作れる

からだと心を整えてくれる毎日の食事は、
心地よく、無理がなく、シンプルであることが大切。

食材をたくさんそろえなくても
野菜ひとつで立派なごはんになるのです。

調理法も、〝焼くだけ、煮るだけ、蒸すだけ〟で十分。

食材に触れながら、ゆっくりと、シンプルに調理することが、
心身が喜ぶ、おいしい料理につながります。

工程がシンプルな分、使う調味料や、スパイス、
調理道具には少しだけこだわって。
ひとつの素材とただただ向き合う時間は、とても癒されます。

「トマトだけで、ごはん1品できちゃった」

これまでと違ったそんな発見があり、
料理することが、もっと好きになります。

食べるもので
やさしい私を作る

自然の中で育った野菜には、消化力を高める、デトックスを促す、
活力や癒しを与えてくれるといった、
からだや心を整えてくれる力が備わっています。

丁寧に調理した食材は、
おいしいのはもちろん、自然と私たちを元気にしてくれます。

からだの重さが取れて、なんだかスッキリした。
落ち込んでいた気持ちが、ふっと軽くなった。

自分に目を向けた食事を続けていると、
そんな、ちょっとした前向きな変化が、どんどん増えていきます。

「今日は疲れ気味だから、かぼちゃを食べてほっこりしよう」

そんなふうに食を通じて、自分の内にやさしさを作ると、
内の変化は、外の変化にもつながって、
周りにも、やさしさが広がっていきます。

消化力を高める ／ 14

からだの土台を整えるレシピ

デトックスする／36

重たさをスッキリさせるレシピ

キレイになる／58

活力を与えてくれるレシピ

右から
しょうゆ
「古式じょうゆ」井上醤油店（900mℓ）
「淡口丸大豆醤油」大徳醤油（900mℓ）
みりん
「有機三州味醂」角谷文治郎商店（500mℓ）
料理酒
「料理酒 旬味」仁井田本家（720mℓ）
酢
「富士酢プレミアム」飯尾醸造（500mℓ）

この本の使い方

- 小さじ１は５mℓ、大さじ１は15mℓ、１カップは200mℓです。

- 加熱料理の火加減は、ガスコンロを使用した場合を基準にしています。

- 使用する「だし」はご家庭にあるもので大丈夫です。レシピでは昆布だしを使用しています。作り方は、ピッチャーなどの容器に水と昆布を入れて、冷蔵庫で一晩浸けるだけ。冷蔵庫に保管して、2～3回水を継ぎ足しながら、3～4日間ほど使えます。2回目以降はだしが薄くなるので、水の量を加減します。

- オイルの「ギー」はレシピにもよりますが、暑い時期はオリーブオイルや、ココナッツオイル、寒い時期は米油などで代用可能です。材料にギーを使うレシピには代用油も併記していますが、ギーを使うとおいしさが一番引き出せます。ギーの作り方はP34で詳しく説明しているので、ぜひ作ってみてください。

- 調味料はご家庭にあるもので十分ですが、こだわりの品を使うとより料理が味わい深いものになります。レシピで使用しているしょうゆ、みりん、酒、酢は、左上に掲載しています。塩は、海水100％の自然塩で伝統的な「天日・平釜製法」のミネラル豊富なものを使用。おすすめの調味料なので、ぜひ試してみてください。

- 使用する調理器具はご家庭にあるもので大丈夫です。おすすめの調理器具は「鉄フライパン」「土鍋」「せいろ」です。詳細はP102～103をご覧ください。

- 炊き込みごはんはレシピでは土鍋を使用していますが、炊飯器でも問題ありません。土鍋での炊飯の方法はP102をご覧ください。

ブックデザイン ―― 細山田デザイン事務所
写真 ―― 砂原文
スタイリング ―― 河野亜紀
校正 ―― 麦秋アートセンター
DTP ―― 浦谷康晴
編集協力 ―― 大呑智恵
編集 ―― 竹内詩織
（KADOKAWA）

消化力を高める

からだの土台を整えるレシピ

食べたものを消化する力が、
からだと心を整える
大切な土台になります。
かぶやアスパラガスなど、
穏やかでやさしい味わいの野菜は、
バランスを整えてくれて、消化もしやすいです。
しっかりと消化できることで、
体内で活力素が作られ、
免疫力、自然治癒力を高めてくれます。
温かく、適度な油分と水分を含んだ
シンプルな味付けの料理で、
からだと心をしっとりと落ち着かせ、
整える土台を作ります。

──アスパラガス

元気になる
焼きアスパラガス

アスパラガスは消化によく、活力になる万能野菜。生命力たっぷりで、からだと心に滋養を与えてくれます。

香りと旨味をぎゅっと閉じ込める、とびっきりの焼き方で楽しみます。

材料／

2〜3人分

アスパラガス … 8〜10本
塩 … ひとつまみ
こしょう … 少々
オリーブオイル … 大さじ1
レモン … 適量

作り方／

1 アスパラガスの根を少し切り落とし、下の硬い部分は、ピーラーでやさしく皮をむく。

2 熱したフライパン（油はひかない）にアスパラガスを入れ、揺らしたり、ひっくり返したりしながら4〜5分中火弱で焼く。途中、大さじ1程度の水（分量外）を加えて、蓋をして蒸し焼きにする。

3 しんなりやわらかくなったら、塩、こしょう、オリーブオイルを加える。

4 皿に盛り、レモンを絞る。

One Point

ピーラーで皮をむくとき、力が強いとむきすぎてしまうので、やさしく薄くむく

【からだの土台を整えるレシピ】

――アスパラガス

アスパラガスのリゾット

万能野菜のアスパラガスで、もう1品ご紹介。

アスパラガスは、適度な油分と水分を含ませ、やわらかく煮込むとさらに消化力を高めてくれます。温かいリゾットで、ほっとやすらいで。

材料

2人分

アスパラガス … 8本
玉ねぎ … ⅛個
にんにく … ¼片
しょうが … ¼片
ギー（もしくはオリーブオイル）
　… 大さじ1
米 … ½カップ
昆布だし … 2と½カップ
ローリエ … 1枚
塩 … 小さじ¼

作り方

1 アスパラガスは根を少し切り落とし、下の硬い部分の皮をピーラーでむく。穂先を切り分けて、穂先以外は1cm幅に切る。玉ねぎ、にんにく、しょうがはみじん切りにする。

2 フライパンにギー（作り方はP34参照）を入れて、玉ねぎ、にんにく、しょうがを中火弱でゆっくり炒める。

3 アスパラの穂先以外を加え、さっと炒める。

4 米を加え、透明になるまで炒める。

5 昆布だし、ローリエを加えて、弱火で10～15分ほど火にかける。途中、様子を見ながら昆布だし（分量外）を追加する。

6 アスパラの穂先、塩を加えて、2～3分火にかける。

One Point

水に昆布を一晩浸けるだけでできる昆布だし。常備しておくと便利

【からだの土台を整えるレシピ】

――かぶ

食べすぎたときの かぶのポタージュ

食べすぎてしまったとき、重ための食事が続いたとき、胃腸をひとやすみさせるためにも、野菜のポタージュが重宝します。かぶと米の自然の甘みで、からだがほっとゆるまり、満足感もある味わいです。

材料

2～3人分

かぶ … 2個
ギー（もしくはオリーブオイル）… 大さじ1
水 … 2カップ
昆布 … 約5㎝
米 … 大さじ1
塩 … 小さじ1/2
ピンクペッパー … お好みで

作り方

1 かぶを洗い、皮は汚れているところだけむく。茎の部分は切り落とし、6等分のくし切りにする。

2 深めのフライパンにギーを入れて1を中火で焼き、水、昆布、米、塩を加えて、とろとろになるまで中火弱で煮込む。

3 米がふやけたら昆布を取り出し、容器に移してブレンダーでスープ状にする。好みで水（分量外）を加えて濃さを調整する。

4 器に盛って、手でつぶしたピンクペッパーをトッピングする。

One Point

甘みととろみ足しに生米を加える。米がとろとろになるまで煮込んで

【からだの土台を整えるレシピ】

――大根

こっくり
大根の煮物

よく煮込んだ大根は、食べ応えがあるのに消化にやさしく、重たくならずにお腹を満たしてくれます。

1品だけでメインのおかずになるのもうれしいところ。米油を加えてことこと煮込むことで、甘さとコクが引き出されます。

材料／ 2〜3人分

大根 … 600g
（小さいサイズは1本ほど、大きいサイズは1/2本ほど）

> A

- 薄口しょうゆ … 大さじ1と1/2
- みりん … 大さじ1
- 砂糖 … 小さじ2
- 米油 … 大さじ1
- 水 … 1と1/2カップ

作り方／

1. 大根の皮を厚めにむいて、1㎝幅の半月切りにする。
2. 鍋に、1、Aをすべて加えて、軽く混ぜる。
3. 蓋をして、20〜30分ほど中火弱で煮込む。
4. 竹串が通るほどにやわらかくなったら完成。

One Point

煮込んだ後、一度冷まして食べる直前に温めると、味がより染みる

——チンゲン菜

やさしい
塩チンゲン菜

チンゲン菜はクセのないまろやかな味わいで、やさしく穏やか。消化にもよい、滋養になる葉野菜です。

シャキッとした食感にしょうがと、ごま油がふんわり香り、自然とごはんも進みます。簡単なのに飽きない副菜です。

材料

2〜3人分

チンゲン菜 … 2株

> A

ごま油 … 大さじ1
塩 … 小さじ½弱
おろししょうが … 1片
白ごま … 小さじ1

作り方

1 チンゲン菜の根を水につけて土汚れを洗ったうえで、茎と葉に切り分ける。

2 鍋に湯を沸騰させて、1を（茎は2〜3分、葉は30秒ほど）湯がく。

3 冷水にとり、水気を絞る。

4 食べやすい大きさに切り、Aと合わせて和える。

One Point

冷水につけたあと、ギュッと水気をしっかり切ることで、味付けがぼやけない

【からだの土台を整えるレシピ】

――ズッキーニ

焼きズッキーニのハーブマリネ

ズッキーニは、体調の乱れを整えてくれるうえ消化にもよい万能野菜。

たっぷりのオイルで、じっくり焼くと、ジューシーな味わいでたまらないおいしさ。ハーブとレモンの香りでふ〜っと呼吸も深まります。

材料

2〜3人分

ズッキーニ …1本
（レシピでは緑と黄色を½本ずつ使用）
しょうゆ …大さじ1弱
砂糖 …小さじ1
レモン汁 …½個分
オリーブオイル …大さじ1
ディル …2〜3本

作り方

1. ズッキーニを1cm幅に切る。
2. バットにしょうゆ、砂糖、レモン汁を混ぜておく。
3. フライパンにオリーブオイルを入れて、*1*を弱火で焼く。焼き目がついたらひっくり返してさらに焼く。
4. *2*のバットに*3*を並べて、10〜15分ほど漬ける。
5. 器に盛り、ディルを手でちぎってちらす。

One Point

ズッキーニを弱火でじっくりと焼くことで、やわらかくなって味わいが引き立つ

【からだの土台を整えるレシピ】

――小松菜

スパイス香る小松菜のサブジ

小松菜は、滋養たっぷりで、消化力、免疫力を高めてくれる、からだにうれしい野菜。

スパイスを効かせたインドの家庭料理「サブジ」で楽しみます。異国情緒を感じる奥深い味わいが食欲をそそります。

材料／ 2〜3人分

小松菜 … 3株
ギー（もしくは米油）
　… 大さじ1
クミンシード … 小さじ1
塩 … 小さじ1/2
コリアンダーパウダー
　… 小さじ1/2

作り方／

1 小松菜を3〜4㎝幅に切る。

2 フライパンにギーを入れて熱し、クミンシードを加えて中火で香りが立つまで炒める。

3 1を加えて、ゆっくりと全体にオイルをなじませるように、しんなりするまで弱火で炒める。

4 塩、コリアンダーパウダーを加えて、さっと炒める。

夏の疲れにはとうもろこしサブジ

材料／ 2〜3人分

とうもろこし … 1本
ギー（もしくは米油）… 大さじ1
クミンシード … 小さじ1/4
A ｜おろししょうが
　　… 1片
　｜トマト（粗みじん切り）
　　… 1/8個
塩 … 小さじ1/4
コリアンダーパウダー … 小さじ1
パセリ（みじん切り）… 適量

作り方／

とうもろこしの実を包丁で削り落とす。フライパンにギーを入れて熱し、クミンシード、Aを入れて中火で香りが立つまで炒める。とうもろこしの実を加えて、弱火で炒める。塩、コリアンダーパウダーを加えて、さっと炒める。お好みでパセリをちらす。

【からだの土台を整えるレシピ】

――かぶ

やさしくなれる
焼きかぶの梅和え

かぶは穏やかで、やさしい野菜の代表。じっくりと火を通したやわらかいかぶは消化にもよいです。
かぶの自然な甘みと梅とかつお節の味わいで、食べると気持ちがなんだかほっと落ち着くレシピです。

材料／ 3～4人分

かぶ … 4個
米油 … 大さじ1
たたき梅 … 2粒分
みりん … 小さじ1/2
きび砂糖 … ひとつまみ
かつお節 … 適量

作り方／

1 かぶをよく洗い、皮は汚れているところだけむき、茎の部分は、短めに切ってから爪楊枝などで泥を落とす。6等分のくし切りにする。

2 フライパンに米油を入れて、1を弱火で焼いていく。両面に軽く焼き目がつく程度に焼き上げる。

3 ボウルにたたき梅、みりん、きび砂糖を入れて混ぜ合わせる。

4 3に2を加えてさっくり和える。かつお節を加えて、さらに和える。

One Point

両面に焼き目がつくまで、じっくり焼くと旨味がアップする

【からだの土台を整えるレシピ】

——— 新しょうが

新しょうがの炊き込みごはん

しょうがは消化力を高めてくれる野菜の代表格。初夏と秋が旬の新しょうがは繊維がやわらかく、水分も多く、辛みもまろやかです。

材料／2合分

新しょうが … 50g
米 … 2合
ギー（もしくは米油）… 小さじ2
塩 … 小さじ1
水 … 2合分
昆布 … 5㎝角

作り方／

1 新しょうがを千切りにする。

2 土鍋もしくは炊飯器に、研いだ米、ギー、塩、水を入れて混ぜる。その上に昆布、1をのせる。

3 いつも通りに炊飯する（土鍋での炊飯の方法はP102参照）。

4 炊き上がったら、昆布は取り除く。

【からだの土台を整えるレシピ】
—— ラディッシュ

焼いて楽しむ ラディッシュと くるみ味噌

生で食べることの多いラディッシュですが、うっとりロゼ色になるまで焼くとたまらないおいしさに。くるみ味噌をたっぷりつけて召し上がれ。

材料／2〜3人分

ラディッシュ
… 6〜8個
オリーブオイル
… 大さじ1
水 … 1/4カップ

＞くるみ味噌
くるみ … 30g
味噌 … 50g
みりん … 25mℓ
砂糖 … 25g

作り方／

焼きラディッシュ

1 ラディッシュの根っこ、古い葉は取る。

2 フライパンにオリーブオイルを入れて熱し、1を入れて焼き目をつける。水を加え、蓋をして4〜5分蒸し焼きにする。途中ゆすって焦げないようにする。

くるみ味噌

1 小鍋にくるみ以外の調味料を加える。

2 火にかけてひと煮立ちさせ、全体がなじんだら、くるみを加えてからめる。

Column 1

theme
［手作りギー］

100％ピュアオイルなので長期間もつといわれていますが、風味が落ちていくので、2〜3カ月で使いきるのがおすすめです。私は、生命力が満ちるといわれる満月の日に作っています。常温で保存可能です。

からだを整える良質なオイル「手作りギー」

ギーは、食塩不使用バターを加熱して、不純物と水分を取り除いて作る、100％ピュアなオイルです。アーユルヴェーダでは、様々な効果が得られる万能オイルとして、4000年前から「最高のオイル」と称されています。じんわりと癒されるおいしさで乱れた心身を整えてくれる、私の生活に欠かせないオイルになっています。肌荒れが軽減し、うるおったり、便秘になりにくくなったり、口内炎ができづらくなったり、季節の変わり目に風邪を引くことがなくなったり。ギーを生活に取り入れてから、なんとなくの不調が整って、日々の心地よさの深まりを感じています。

{ 手作りギーの作り方 }

ギーは、自宅で簡単に作ることができます。
手作りのギーは、心身を整えてくれるうえに、格別のおいしさ。
日々に癒しを与えてくれます。

材料／

食塩不使用バター

用意するもの／

鍋（厚手のもの）、ボウル、ザル、
クッキングペーパー（またはガーゼ）、
煮沸消毒した保存瓶

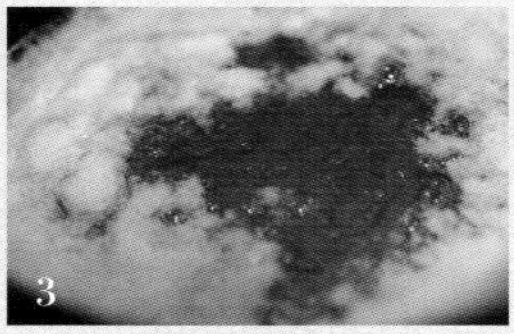

作り方／

1 鍋に食塩不使用バターを入れて、溶けるまで中火にかけていきます。

2 バターが溶けて温まっていくと、もくもくと不純物が浮かんできます。

3 そのまま触らず、とろ火にかけて煮詰めていきます。大きな泡がぷくぷくと浮いてきて、次第にパチパチと小さな音に変わっていきます。

4 鍋の底に焦げがついて、オイルが透明になったら完成。クッキングペーパーを敷いたザルでこして、清潔な保存瓶に入れて保管します。

デトックスする

重たさを スッキリさせるレシピ

重たさ、だるさ、滞りを感じるときは、
デトックスを助けてくれる野菜でからだを整えます。
キャベツやセロリ、モロヘイヤなど、
苦み、渋み、辛みのある野菜は、
デトックスを促してくれて、
軽さ、巡りのよさを与えてくれます。
からだが重たいときは
消化する力も落ちているので、
野菜を蒸し焼きやスープにして
少なめのオイルで楽しむのもおすすめ。
食べすぎたときにも役に立つお料理で、
からだも心も軽やかに。

【重たさをスッキリさせるレシピ】

—— キャベツ

デトックスなキャベツステーキ

デトックスにぴったりなのが食物繊維が豊富なキャベツ。たっぷりのオイルで、じっくりと蒸し焼きにすることで、とろっとろの甘〜い味わいに。

にんにくとしょうゆが香って、ごはんのおかずにも、主役にもなる1品。

材料

2人分

- キャベツ … 1/4 玉
- ギー（もしくは米油）… 小さじ 2
- にんにく（薄切り）… 1/2 片
- しょうゆ … 小さじ 2
- 水 … 大さじ 1

作り方

1. キャベツを 2 等分にカットする。
2. フライパンにギーを入れて熱し、にんにくを加える。1を加えて、焼き目がつくまで弱火で焼く。
3. ひっくり返して、しょうゆ、水を加え、蓋をして芯がやわらかくなるまで蒸し焼きにする。
4. 皿に盛り、フライパンに残ったタレを回しかける。

One Point

蒸し焼きにすることで、短時間で芯まで熱が通りやわらかくなる

【重たさをスッキリさせるレシピ】

——ピーマン

丸ごとピーマン焼き浸し

ピーマンの苦みが、からだの重たさや滞りを整えてくれます。じっくりと火を通して、しょうがを合わせてスッキリいただきます。

とくに暑い夏にぴったりの、焼いて浸けるだけでさっと作れる絶品おかずです。

材料

2〜3人分

ピーマン … 4〜5個
しょうゆ … 大さじ2
おろししょうが … 大さじ2
酢 … 大さじ2
ごま油 … 大さじ1
かつお節 … 適量

作り方

1 ピーマンの種は取らずに、丸ごと手でやさしくつぶして、割れ目を入れる。

2 しょうゆ、おろししょうが、酢をボウルに合わせる。

3 フライパンにごま油を入れて熱し、1を入れてひっくり返しながら、中火弱で焼き目がつくまで焼く。

4 3を2に入れて4〜5分ほど浸す。

5 器に盛り、お好みでかつお節をふる。

One Point

皮にしっかりと焼き目がつくまで焼く。最初につぶしておくと爆発しない

【重たさをスッキリさせるレシピ】

——セロリ

セロリとクミンのさわやか炒飯

ほんのりとした苦みで、デトックスを促してくれるセロリ。シャキッとした食感とさわやかな香りに、クミンの香ばしさが相性抜群。もりもり食べられて、セロリが大好きになる炒飯です。

材料／

2〜3人分

セロリ…1本
ごま油…小さじ2
クミンシード…小さじ1
塩…小さじ¼
ごはん…1合分

作り方／

1 セロリは茎の筋を取り、5㎜幅の角切りにする。葉は粗く刻む。

2 フライパンにごま油を入れて熱し、クミンシードを加える。香りが立つまで1〜2分加熱する。

3 1を加え、中火で1〜2分軽く火が入る程度に炒める。塩を加え、全体になじませる。

4 ごはんを加え、ざっくりと炒め合わせる。

One Point

塩味が効いているので、おかずの味が濃い場合は塩の量を減らすと◎

【重たさをスッキリさせるレシピ】

——春菊

大人の味わい
もちもち
春菊チヂミ

冬から春を迎えたばかりのまだ重たいからだを整えてくれるのが春菊。米粉で軽やかに、サクサク、もちもちの食感を楽しみます。ほんのりとした苦みがおいしい、〝ほぼ春菊〟な大人のチヂミです。

材料

2〜3人分

- 春菊 … 1束
- 米粉 … 2/3カップ
- 塩 … 小さじ1/4
- 水 … 1/2カップ
- しらす … 30g（油揚げもおすすめ）
- ごま油 … 大さじ1

>タレ

- しょうゆ … 小さじ1
- お酢 … 小さじ1

作り方

1. 春菊は根を切り落とし、2〜3㎝幅に切る。
2. ボウルに米粉、塩を入れ、水を少しずつ加えながら、もったり感がなくなるまで混ぜ合わせる。
3. 1、しらすを加え混ぜ合わせる。
4. フライパンにごま油を入れて熱し、3を入れて丸く広げる。押し付けるように平らにしながら、両面を中火弱で焼き上げる。
5. 器に盛り、タレをつけて食べる。

One Point

最後に、ごま油（分量外）を回し入れると、カリッと仕上がる

【重たさをスッキリさせるレシピ】

——なす

夏のむくみに
焼きなすのフムス

夏のたまったむくみを追い出してくれるなすと、デトックスを促してくれるひよこ豆を、中東諸国の伝統料理「フムス」にしていただきます。くたくたになるまで焼いたなすにクミンが香る、おもてなしにもおすすめのレシピ。

材料

2〜3人分

なす … 3本
茹でひよこ豆 … 70g

> A

オリーブオイル … 大さじ1
レモン汁 … 大さじ1
練りごま … 大さじ1
塩 … 小さじ1/4
クミンパウダー … 小さじ1/4

> トッピング

オリーブオイル、
パプリカパウダー、こしょう、
ミント … 各適量

作り方

1. なすの先端を切り落とし、ガクの部分は一周、浅い切り込みを入れる。何カ所か縦に切り込みを入れる。
2. 予熱で温めたグリルに1を入れ、中火強で皮が焦げるまで焼く。グリルから取り出して耐熱ボウルに入れ、蓋をして蒸らす。
3. 2がふやけたら皮を手でむいていく。
4. ボウルに3、茹でひよこ豆、Aを合わせて、ブレンダーでペースト状にする。
5. 器に盛り、オリーブオイル、パプリカパウダー、こしょうをかけてミントをそえる。

One Point

なすに切り込みを入れておくと、焼いた後に皮がむきやすい

ぱくぱく スナップえんどうの ごまサラダ

春が旬のスナップえんどうは、ほのかな苦みで、からだの重さ、滞りを整えてくれます。ごまとかつお節のやさしい味付けでぱくぱく食べられます。

材料／3〜4人分

スナップえんどう … 10個
卵 … 2個
かつお節 … 大さじ1

>ドレッシング
オリーブオイル … 小さじ1
しょうゆ … 小さじ2
レモン汁 … 小さじ½
練りごま … 小さじ2
砂糖 … ふたつまみ
白すりごま … 小さじ1

作り方／

1 スナップえんどうの筋を取る。
2 鍋に湯を沸かして1を入れ、約2分湯がいてから取り出す。その湯に卵を入れて7分半茹でて、半熟卵を作る。
3 ボウルにドレッシングの材料を混ぜ合わせる。
4 スナップえんどうを半分に切る。卵は一口大に手で割る。
5 3に4とかつお節を入れて、やさしく和える。

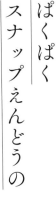

【重たさをスッキリさせるレシピ】

—— モロヘイヤ

夏の美に モロヘイヤのお浸し

夏のデトックスや夏バテにはモロヘイヤがおすすめ。クレオパトラも食べていたとされる歴史ある野菜は、からだのほてりをしっとり冷ましてくれます。

材料／3〜4人分

モロヘイヤ … 1束
昆布だし … 1/2カップ
しょうゆ … 小さじ2

作り方／

1 モロヘイヤの葉っぱ部分を茎から取り、流水で洗う。

2 鍋に湯を沸かして1を入れ、20〜30秒さっと湯がく。

3 2を冷水にとり、ぎゅっと水気を絞る。

4 3をバットに広げて、昆布だし、しょうゆを加えて浸す。冷蔵庫で冷やして食べてもおいしい。

【重たさをスッキリさせるレシピ】

カリフラワー

じゅわっと カリフラワーの ステーキ

カリフラワーは、だるさを整えてくれるお助け野菜。食べ応えのある大ぶりのカリフラワーステーキに濃厚なごまソースをつければ、満足感たっぷりの野菜ごはんに。

キレイに盛り付ければ、おもてなしにもおすすめ。

材料

3〜4人分

カリフラワー … 1株

ごま油 … 大さじ1

>ごまソース

練りごま … 大さじ3

砂糖 … 大さじ1

酢 … 大さじ1

しょうゆ … 大さじ2

>トッピング

アーモンド（砕いたもの）、

ピンクペッパー（手でつぶす）、

イタリアンパセリ（みじん切り）

… 各適量

作り方

1 カリフラワーの葉を取り、食べやすい大きさのくし形に切る。

2 フライパンにごま油を入れて熱し、1を両面に焼き目がつくまで弱火でじっくり焼く。

3 ボウルにごまソースの材料を混ぜ合わせる。

4 3のごまソース、カリフラワーの順で器に盛り付け、アーモンド、ピンクペッパー、イタリアンパセリをちらす。

One Point

ソースを先に盛り付けてから、カリフラワーを置くとキレイに仕上がる

【重たさをスッキリさせるレシピ】

―――― たけのこ

春を感じる たけのこの焼きめし

春の風物詩、たけのこ。味わいのよさはもちろん、冬の食べすぎを整え、春をスッキリと迎えるサポートをしてくれる野菜です。

材料／1合分

たけのこ（下茹でしたもの）… 100g
さやえんどう … 12本
ギー（もしくは米油）… 大さじ1/2
しらす … 20g
ごはん … 1合
しょうゆ … 小さじ1

作り方／

1 たけのこを短冊切りにする。

2 さやえんどうは斜め半分に切る。

3 フライパンにギーを入れて熱し、1を加えて中火で炒める。

4 2、しらすを加えて炒めた後、ごはんを加えて混ぜながら炒める。

5 しょうゆを回し入れ、混ぜ合わせる。

【重たさをスッキリさせるレシピ】

―― ブロッコリー

くたくたブロッコリーのスープ

食べすぎたときや重い食事が続いたとき、私がよく作るのはブロッコリーをくたくたに煮込んだスープ。これを飲むと翌朝、からだがスッキリします。

材料／2〜3人分

ブロッコリー…1株
ギー（もしくはオリーブオイル）…小さじ1
昆布だし…2カップ
塩…小さじ1弱
こしょう… 少々
豆乳…1カップ

作り方／

1 ブロッコリーの房部分を1cm幅に削ぐようにザクザクに切る。軸は皮を切り落とし、1cm角に切る。

2 鍋に1、ギー、昆布だし、塩、こしょうを入れて、やわらかくなるまで弱火で煮込む。

3 豆乳を加えて温め、沸騰する前に火を止める。

4 器に盛り、お好みでこしょう（分量外）をふりかける。

【重たさをスッキリさせるレシピ】
—— 春キャベツ

春キャベツのクミンコールスロー

水分たっぷりの春キャベツをギュッと塩もみして、クミンとしょうがで、ほんのり大人の味付け。もりもりと食べられる副菜です。

材料 ／ 3〜4人分

キャベツ … 1/4 玉
塩 … 小さじ 1/2
オリーブオイル … 大さじ 1
レモン汁 … 小さじ 1
クミンパウダー … 小さじ 1
おろししょうが … 小さじ 1

作り方／

1 キャベツを千切りにする。

2 ボウルに 1 と塩を入れて、塩もみする。

3 15分ほどおいてから、水気をしっかり絞る。

4 オリーブオイル、レモン汁、クミンパウダー、おろししょうがを入れて、ざっくりと和える。

【重たさをスッキリさせるレシピ】

レモン

さっぱりはちみつ
レモンジュース

疲れを癒し、胃腸の働きを促すレモンと、滋養たっぷりのはちみつのコンビ。スポーツドリンクとして飲むのもおすすめ。はちみつは非加熱のものを使って、常温で楽しんで。

材料／作りやすい分量

レモン … 1/2個
水 … 500mℓ
はちみつ … ティースプーン3杯
塩 … ひとつまみ

作り方／

1. 常温の水に、はちみつを溶く。
2. レモンを絞る。
3. 塩を加えて、よく混ぜる。

Column 2

theme
［消化力を高める］

消化力を高めて、心地よさを作る習慣

消化力は、「心身の健康を維持するための基盤」となる、重要なからだの力ともなります。

消化力が働き、食べたものがうまく消化、吸収、排出されることで、私たちのからだと心の機能が高まります。さらには病気を防ぐ免疫力も高めてくれるんです。逆に消化力が落ちてしまうと、食べたものが体内にとどまって毒素となり、不調につながっていきます。ここでは、心地よい心身を作るために大切な「消化力を高める習慣」をご紹介します。

「白湯を飲む」

白湯は、消化力を高めてからだを温めてくれる、とても優秀な飲みものです。私は朝一番と、食事中、日中に飲むようにしています。食べすぎたときは、白湯を沸かすときに、しょうがのスライス2〜3枚を入れた「しょうが白湯」がよりおすすめです。

「食事は空腹を感じてからとる」

食べたものは、まずしっかりと消化してあげることが大切です。私は食事の時間が来たから食べるのではなくて、ぐ〜っとお腹がなってから食べるようにしています。食事のときもなるべくよくよく噛んで、腹八分目で食べ終えることを意識しています。

誰にとっても消化力は、心地よいからだを作るのに重要なこと。今の生活に取り入れてみてください。きっとうれしい変化を感じるはずです。

「しょうがを食べる」

私はしょうがの千切りをレモン汁と塩で和えたものを、食事の20分ほど前に、よく噛んで食べるようにしています。消化力をぐっと高めてくれて、毒素の排出を助けてくれるからです。外食のときやたっぷり食べるときには、特に大活躍。翌日の心地よさを作ってくれる、おすすめの方法です。

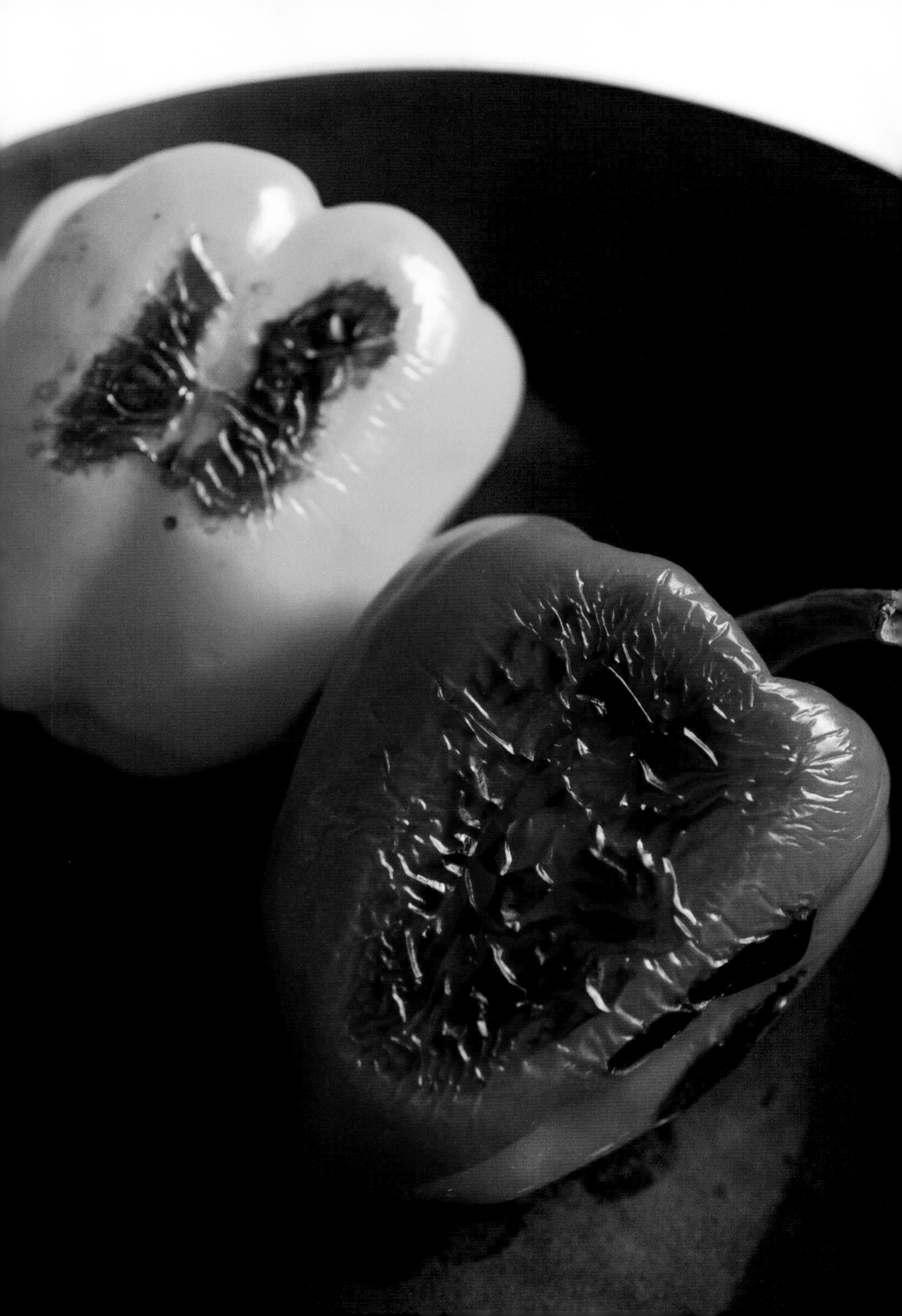

キレイになる

活力を
与えてくれるレシピ

食べ物から栄養をしっかり吸収して、
肌や髪をつくり、内側からうるおい、
艶やかになること。
それが、本来の美しさです。
パプリカやビーツなど、
甘みのある野菜はからだに活力を与えて、
内側から輝かせてくれます。
水分と油分を含ませて、
じっくりと調理して甘みを引き出します。
乾燥や冷えはキレイの大敵。
季節ごとの旬の甘みを楽しみながら、
キレイを作りましょう。

【活力を与えてくれるレシピ】

——落花生

つやっとうるおす
落花生ごはん

油分と水分を含んだ生の落花生はからだをうるおしてくれます。新米と一緒に炊き込めば、自然の甘みたっぷり。実家で祖父が育てた落花生を、祖母が土鍋で料理したことを思い出す、秋の料理です。

材料／

2合分

生落花生（殻付き）… 200g
米 … 2合
塩 … 小さじ1
酒 … 小さじ1
水 … 2合分

作り方／

1 生落花生の殻をむく。

2 土鍋もしくは炊飯器に、研いだ米、1、塩、酒、水を入れ、いつも通り炊飯する。

3 炊き上がったら、全体をさっくりと混ぜる。

One Point

生落花生は指で上から軽く押さえると、パチンと簡単に割れる

【活力を与えてくれるレシピ】

――新玉ねぎ

とろとろ丸ごと新玉ねぎスープ

やさしい辛みで、からだの巡りをよくしてくれる新玉ねぎ。昆布だしでとろっとろになるまで火を通せば、旨味たっぷりのスープが完成。普通の玉ねぎでも作れますが、新玉ねぎだと甘みがあって絶品です。

材料 2人分

新玉ねぎ … 2個

＞A

- 昆布だし … 2カップ
- 薄口しょうゆ … 小さじ2
- みりん … 小さじ2
- 塩 … ふたつまみ

作り方

1 新玉ねぎの皮をむき、頭に十字に切り込みを入れる。

2 鍋に1、Aを入れて蓋をして、中火で火にかける。沸騰したら弱火にして、10〜20分、竹串がすっと通るまでじっくり煮込む。

One Point

十字に切り込みを入れておくと、中まで熱が通ってくたくたになる

【活力を与えてくれるレシピ】

――パプリカ

おしゃれに焼きパプリカのマリネ

スペイン旅の思い出の味を再現してみました。ビタミン豊富なパプリカは、夏のお疲れ肌への栄養補給にぴったりな食材。じっくりと火にかけて皮をむくと甘くてジューシーな仕上がりに。種を取ることで食べやすくなります。

材料／

2〜3人分

パプリカ … 2個

>マリネ液

オリーブオイル … 大さじ1

レモン汁 … 大さじ1

はちみつ … 大さじ½

塩 … 小さじ¼

作り方／

1 爆発しないように、パプリカに包丁で数カ所切り込みを入れる。

2 フライパンに1を入れ、皮が焦げるまで中火でじっくり焼いていく。直火、オーブン、グリルでもOK。

3 全体に焦げ目がついたら、ボウルに移して、蓋をして10分蒸らす。

4 粗熱が取れたら、皮を手でむき、種とヘタを取る。

5 ボウルにマリネ液の材料を混ぜ合わせる。

6 4を縦に1cm幅に切って器に盛り、5をかける。

One Point

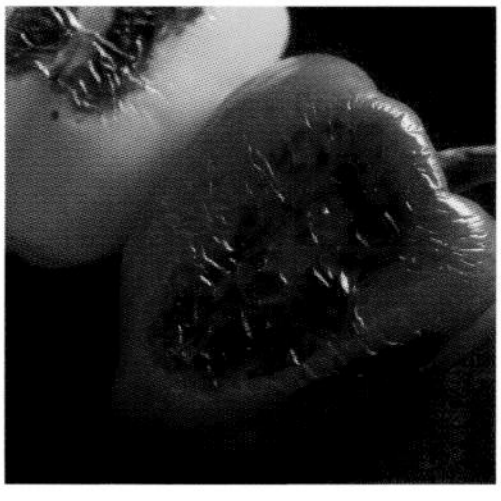

しっかり焦げをつけることで、パプリカの旨味がぎゅっと凝縮する

【活力を与えてくれるレシピ】

―― 新じゃがいも

新じゃが
パセリのサラダ

採れたての新じゃがは、水分が多く、みずみずしい食感が特徴。栄養価が高く、からだに力を与えてくれます。

たっぷりのオイルに、むくみを整えてくれるパセリをプラス。

さわやかに楽しんで。

材料／

2〜3人分

新じゃがいも … 小3個

生パセリ（みじん切り）… 大さじ1

> A

- オリーブオイル … 大さじ1
- レモン汁 … 小さじ1
- しょうゆ … 小さじ1
- 塩 … ひとつまみ
- こしょう … 少々

作り方／

1 新じゃがいもはよく洗い、皮付きのまま一口大に切る。蒸し器で15分ほど、竹串がすっと通るやわらかさになるまで蒸す。

2 ボウルに、生パセリとAを混ぜ合わせる。

3 2に1を入れて、和える。

One Point

じゃがいもは皮付きのまま蒸すことで、ほっくり、深みのある味わいに

【活力を与えてくれるレシピ】
―――― トマト

夏の疲れを癒す
完熟トマトと
卵の炒め物

完熟した甘みたっぷりのトマトは、夏の疲れたからだを癒してくれます。トマトに含まれるリコピンで抗酸化力アップも期待できます。

材料／2〜3人分

トマト … 中2個
しょうが … 1片
にんにく … 1片
米油 … 大さじ1
塩 … 小さじ1/2
卵 … 2個

作り方／

1 トマトは6〜8等分にくし切りにする。

2 しょうが、にんにくをすりおろす。

3 フライパンに米油を入れて熱し、2を炒める。

4 香りが立ったら1、塩を加えて、中火で炒める。

5 軽く火が通ったら、溶き卵を加え、さっと炒め合わせる。

【活力を与えてくれるレシピ】

――― 葉玉ねぎ

葉玉ねぎのクミングリル

玉ねぎになる前に収穫された、みずみずしい葉玉ねぎは、春を迎える時期に楽しんでほしい野菜。やさしい辛みがクセになるおいしさです。

材料／2〜3人分

葉玉ねぎ … 3個
ギー（もしくは米油）… 大さじ1
クミンシード … 小さじ1
しょうゆ … 小さじ1

作り方／

1 葉玉ねぎの根を落とし、実をくし切りにする。葉を食べやすい長さに切る。

2 フライパンにギーを入れて熱し、クミンシードを加えて中火で香りが立つまで炒める。

3 1を加えて中火弱で炒める。焼き色がついたら裏返し、少量の水（分量外）を加えて蓋をして、4〜5分蒸し焼きにする。

4 しょうゆを加えて、さっと炒め和える。

【活力を与えてくれるレシピ】

――とうもろこし

頑張り屋さんのとうもろこしスープ

つい頑張りすぎちゃう夏のからだを、ゆるめて、うるおしてくれるのがとうもろこし。
昆布だしと塩だけのシンプルな味付けで、とうもろこし本来のおいしさが口いっぱいに広がります。

材料／

2〜3人分

とうもろこし … 3本
昆布だし（水でもOK）… 1と½カップ
塩 … 小さじ½
オリーブオイル … 適量

作り方／

1 とうもろこしの皮をむく。ひげは捨てずに取っておく。

2 鍋にとうもろこしの実とひげ、昆布だしを入れて塩を加え、12〜15分ほど茹でる。茹で汁はとっておく。

3 茹で上がったとうもろこしの実を包丁で削り落とす。トッピング用に少し分けておく。

4 3と茹で汁を合わせ、ブレンダーでペースト状に攪拌する。

5 4をこし器でこす。冷蔵庫で冷やして、食べる直前にオリーブオイルを垂らし、とうもろこしの実をトッピングする。

One Point

面倒でもこすことで食感がなめらかになり、おいしさも格段にアップ

【活力を与えてくれるレシピ】

——ビーツ

透明感を作るビーツとくるみのサラダ

ビーツは「奇跡の野菜」、「食べる輸血」といわれるほど栄養が豊富。自然の真っ赤な色合いからも元気がもらえます。じっくりと火を通すことで、やわらかく、甘いおいしさが楽しめます。

材料

3〜4人分

ビーツ … 3個
くるみ … 20g
イタリアンパセリ … 3〜4本

>ドレッシング
オリーブオイル … 大さじ2
レモン汁 … 小さじ1
塩 … 小さじ¼
はちみつ … 小さじ1

作り方

1 ビーツをよく洗う。皮付きのまま、浸るほどの水に小さじ1程度の少量の酢（分量外）を加え、蓋をせずに茹でる。

2 竹串を刺して通るくらいやわらかくなったら、茹で汁につけたまま冷ます。

3 2の皮を手でむき、1㎝幅の角切りにする。

4 ボウルにドレッシングの材料を混ぜ合わせる。

5 4に、3、刻んだくるみとイタリアンパセリを加えて和える。

One Point

中サイズで40分、大サイズで1時間ほど煮る。皮ごと煮ることで色をキレイに保つ

【活力を与えてくれるレシピ】

――かぶ、にんじん、里芋、白菜、玉ねぎ

お野菜まるごとだしポトフ

まるっとそのままの大きさの野菜に、ハーブ、スパイスを効かせてじっくり煮込んだ絶品ポトフ。甘みのある根菜類は、肌や髪、からだを作ってくれる食材。旨味たっぷりのスープで、ほっこり癒されましょう。

材料／ 2〜3人分

かぶ … 1個
にんじん … 1本
里芋 … 2個
白菜 … 1/8個
玉ねぎ … 1個
クローブ（ホール）… 2個
オリーブオイル … 大さじ1
昆布だし … 3カップ
ローリエ … 1枚
ローズマリー … 1本
塩 … 小さじ1
こしょう … 少々

作り方／

1 かぶは葉を切り落とし半分に切る。にんじんは皮付きのまま縦半分に切る。里芋は皮をむき、水にさらす。白菜は芯を半分に切り、葉のほうに向かって半分にさく。玉ねぎは皮をむき、クローブを刺す。

2 鍋にオリーブオイルを入れて熱し、かぶ、にんじん、玉ねぎを中火で炒めて焼き目をつける。

3 昆布だしを注ぎ、里芋、白菜、ローリエ、ローズマリーを加えて、40〜50分弱火でことこと煮込む。

4 塩、こしょう、オリーブオイル（分量外）で味を調える。

One Point

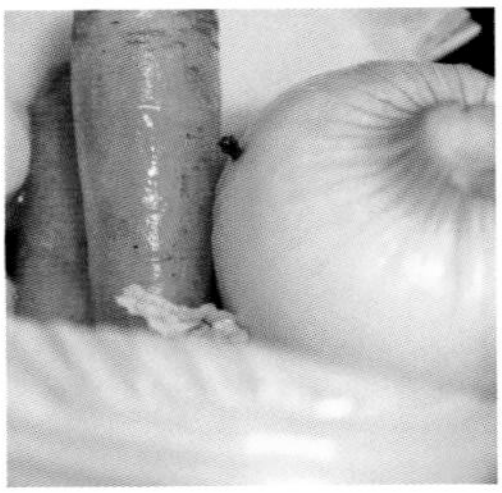

大きいサイズのまま煮込む。クローブは玉ねぎに刺して香りを引き出す

【活力を与えてくれるレシピ】

——— 菊芋

揚げ菊芋のりしお

イヌリンという食物繊維を多く含む菊芋は、血糖値の上昇を抑えてくれて、むくみや美肌にもうれしい野菜。後を引くおいしさです。

材料／2〜3人分

菊芋 … 3〜4個
揚げ油 … 適量
青のり … 小さじ1〜2
塩 … 小さじ$\frac{1}{2}$

作り方／

1 菊芋は皮付きのまま一口大の乱切りにする。

2 160℃に熱した揚げ油で、きつね色になるまで4〜5分揚げる。クッキングペーパーの上にのせて油を切る。

3 ボウルに *2* を入れて、青のり、塩をふりかけて和える。

【活力を与えてくれるレシピ】
——デーツ

キレイを作るデーツミルク

濃厚な甘みのあるデーツは、活力源になり、艶めき、穏やかさを与えてくれます。飲んだ瞬間、ふんわり幸せな気持ちに。

材料／2人分

デーツ…4個
水…2カップ
牛乳（もしくは豆乳）…1カップ

作り方／

1 小鍋にデーツ、水を加えて、水が半分くらいに減って、デーツがやわらかくなるまで煮込む。

2 火を止めてフォークまたは、ブレンダーで、デーツをペースト状につぶす。

3 牛乳を注いで、再び火にかけて温めたら完成。

Column 3

theme
［スパイス］

実はとっても使えるスパイス

私のレシピは、調理工程を極力シンプルにする代わりに、味に奥深さや風味を与えてくれるスパイスを取り入れています。「スパイスをそろえる」って面倒に聞こえるかもしれませんが、まずはここで紹介する基本のスパイスだけでもあると、料理の幅がぐんと広がります。

［基本のスパイス］

これらは、炒め物やスープ、カレーなど、
いろんな料理に使うことができる万能スパイスです。
すべて消化力を高めてくれて、
からだのバランスを整えてくれます。

1
［しょうが］

消化力を高めたり、血行をよくしたりといった効果があります。生のしょうがは特におすすめ。私の生活には欠かせないスパイスのひとつです。

2
［コリアンダー］

ほてりやからだの余分な熱を取ってくれます。過剰な食欲を抑える効果もあり、スッキリとした優雅な香りです。

3
［クミン］

からだを温めてくれるスパイスです。胃痛、お腹の張り、吐き気などの不調も整えてくれます。食欲をそそる香ばしい香りが特徴。

4
［ターメリック］

血・心・肌の浄化、抗菌、解毒を促し、タンパク質の消化をサポートしてくれます。どんな料理にも合わせやすい、土台となる役割。

スパイスには、料理に奥深さを与えて、からだと心を整えてくれる役割があります。自分のからだの調子に目を向けながら、食事に取り入れてみてください。

この手順をおさえれば、スパイス料理が楽しくなります！

［基本の使い方］

オイルと一緒に加熱することで、
香りを立たせ、生命力を引き出します。
ホールスパイスも、パウダースパイスも、
オイルと加熱することが重要です。

使い方／

1 ホールスパイスは、初めにオイルと一緒に加熱し、香りを引き出す。

2 食材とからませながら炒める。

3 パウダースパイスを加えて、炒め和える。

※パウダースパイスは、焦げやすく風味がとびやすいので、調理の後半に加えて、オイル、食材と合わせるのがコツ。

心を癒す

疲れたときに
ほっとするレシピ

くたくたなとき、
なんだか心が空っぽなときには、
「ほっ」とする食事が、
疲れた心を癒してくれます。
かぼちゃや里芋など、ずっしりとした重さ、
甘みのある野菜が、
心のバランスを整え、心の滋養となり、
じんわりと包み込んでくれます。
疲れたとき、枯渇しているときほど、
自然の食材でさっと作った、
できたての温かい料理を食べる。
シンプルだけど、私の元気の秘訣です。

白菜

とろとろ白菜丼

やさしい甘みの白菜は、心に安心感を与えてくれます。オリーブオイルと一緒にとろっとろになるまで煮込んだ白菜で、からだがゆるゆるに、ゆるまります。疲れたときほど、素材そのものを味わう素朴ごはんが◎。

材料

2人分

白菜 … 400g
にんにく … 1片
しょうが … 1片
オリーブオイル … 大さじ1
水 … ½カップ
塩 … 小さじ1弱
ごはん … 2杯分
パセリ（みじん切り）… 適量

作り方

1 白菜を3㎝幅に切る。にんにく、しょうがは細切りにする。

2 鍋に1、オリーブオイル、水を入れる。

3 蓋をして、20分ほど中火弱で煮る。

4 塩を加えて味を調える。

5 ごはんにのせて、パセリをちらす。

One Point

鍋にまず白菜を敷き詰め、上から香味野菜とオイルを加えて煮る

【疲れたときにほっとするレシピ】

——山芋

ほっとする
山芋スープ

山芋のどこかほっとする、やさしく穏やかな味わいが、からだだけでなく、心もやわらかくしてくれます。
つい自分に厳しくなって、頑張りすぎているときには、山芋スープでほっとしてみて。

材料／

2〜3人分

山芋 … 100g
塩 … ひとつまみ
昆布だし … 2カップ
白味噌 … 小さじ2
青のり … 適量

作り方／

1 山芋の皮をむいてすりおろし、ひとつまみの塩と合わせる。

2 鍋に昆布だしを入れて火にかける。煮立ったら、1をスプーンで丸くまとめて、鍋へやさしく落とす。

3 山芋は崩れやすいので、弱火で3〜4分煮立たせる。火を止めて白味噌を溶く。

4 お皿に盛り付け、お好みで青のりをちらす。

One Point

粘度が弱い場合は、片栗粉を少し加えると、団子状にまとまりやすい

【疲れたときにほっとするレシピ】

かぼちゃ

癒しのかぼちゃサラダ

かぼちゃは、からだのバランスを整えてくれる万能野菜。じっくりと蒸すことで、自然の甘みが溢れ、それが心のそわそわを落ち着けて安定感を与えてくれます。

ザクザクした食感のくるみがアクセント。

材料

2〜3人分

かぼちゃ … 1/4個

くるみ … 8〜9粒

> A

オリーブオイル … 大さじ1

レモン汁 … 小さじ1

塩 … 小さじ1/4

作り方

1 かぼちゃは種とわたを取り除いて、大きめに切る。

2 蒸し器に1を入れて、やわらかくなるまで蒸す(蒸し器がない場合は、鍋に5㎜ほどの水を入れ沸騰させ、かぼちゃを加えて蓋をして蒸す)。

3 ボウルに2を入れて、Aを加えてヘラでつぶしながら和える。ある程度つぶれたら、刻んだくるみを加えて、ざっくりと和える。

One Point

蒸したかぼちゃは、食感が残るくらいに適度にヘラでつぶしながら混ぜる

──里芋

ほっこり里芋のグラタン

里芋のぬめりと豆乳で、小麦粉なしでもとろっとしたホワイトソースに仕上がります。コクがありながら、軽く楽しめるシンプルなグラタンです。里芋の甘みとどっしりとした食感に、自然と元気が出る1品。

材料

2〜3人分

里芋…4個
ねぎ…1本
ギー（もしくはオリーブオイル）…大さじ1と1/2
豆乳…2カップ
白味噌…大さじ1
塩…少々
こしょう…少々

作り方

1. 里芋の皮をむき、5㎜幅の輪切りにする（水にはさらさない）。ねぎは白い部分と、緑色のキレイな部分のみ切り分け、2㎝幅に切る。
2. フライパンにギーを入れて熱し、ねぎを加えてしんなりするまで炒める。
3. 里芋、豆乳を加えて、中火弱でヘラで混ぜながら火にかける。
4. 白味噌、塩、こしょうを加え混ぜ、とろみが出てくるまで火にかける。
5. グラタン皿に盛り、トースターか210℃に温めたグリルで、表面にこんがりと焼き目がつくまで焼く。

One Point

里芋のぬめりで、全体的にトロトロとしてくるまで火にかけながら混ぜる

staub

【疲れたときにほっとするレシピ】

——— にんじん

にんじんとくるみのマリネ

栄養満点のにんじんをパクパク食べられるお手軽レシピ。心のバランスを整えてくれるくるみと和えていただきます。

材料／3〜4人分

にんじん … 1本
塩 … 小さじ1/4
くるみ … 30g

> A
オリーブオイル … 大さじ2
レモン汁 … 大さじ1
粒マスタード … 小さじ1
はちみつ … 小さじ1

作り方／

1 にんじんを千切りにし、塩もみして15分おく。

2 ボウルにAをすべて混ぜ合わせておく。

3 1の水気をよく絞って、2と和える。

4 ざく切りにしたくるみを混ぜ合わせる。

【疲れたときにほっとするレシピ】

—— 旬の野菜

蒸し野菜につけたい「ごまダレ」

仕事や家事でくたくたの日には、旬の野菜をせいろで蒸して、ごまダレをそえるだけで1品完成。ごまの甘みと野菜の相性が抜群。

材料／作りやすい分量

旬の野菜 … 適量
練りごま … 50g
砂糖 … 大さじ1
しょうゆ … 大さじ1
酢 … 大さじ1

作り方／

1 材料を全部混ぜるだけ！ 蒸し野菜に合わせると絶品。

※作っておくと、さくっと食事を済ませたいときに役に立つ。冷蔵庫で1週間くらい保存可能。

そら豆

そら豆の炊き込みごはん

お酒とオイルでつやっとふっくら仕上がったそら豆のごはんが、春のなんだか鬱々とした気分をほっこりと癒してくれます。

一つひとつ薄皮をむく手仕事も、自然と無心になれる特別な時間です。

材料

2合分

そら豆（さや付き）
…500g（正味100g）
米…2合

＞A
酒…小さじ1
オリーブオイル…小さじ1
昆布だし…2合分
塩…小さじ1

作り方

1 そら豆のさや、薄皮をむく。

2 炊飯器または土鍋に、研いだ米、Aを加えて全体を混ぜ合わせ、1を加える。

3 いつも通りに炊飯する。

4 炊き上がったら、やさしく混ぜる。

One Point

皮は黒い部分に包丁で切り込みを入れ、一枚につなげるようにむくとむきやすい

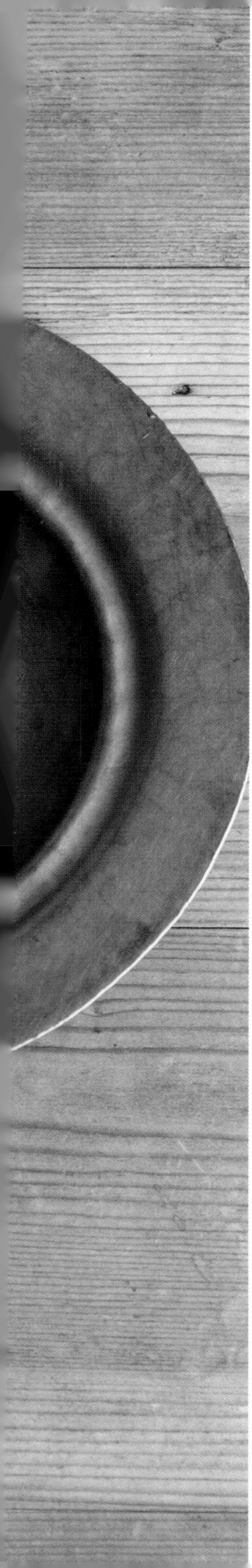

【疲れたときにほっとするレシピ】

——さつまいも

ほくほく幸せ焼きいも

じっくりと火を通して、甘みが増したさつまいもは、心の滋養に。イライラ、そわそわするときに、心を包んで落ち着かせてくれます。

材料／2〜3人分

さつまいも … 2〜3本

作り方／

1 さつまいもを洗う。水気は残したままにする。

2 1を180〜200℃のオーブンで、約1時間じっくりと焼く。途中ひっくり返すとよりまんべんなく焼ける。

【疲れたときにほっとするレシピ】

——りんご

蒸しりんご

完熟りんごをせいろで蒸すことで、とびっきり甘く、しっとりやわらかに。思わず顔がほころぶおいしさで、スパイスの香りにも癒されます。

材料／2〜3人分

りんご … 1個
ギー
（もしくはココナッツオイル）
… ティースプーン1杯
シナモンパウダー … 少々
カルダモンパウダー … 少々
ミント … 適量

作り方／

1 りんごを縦半分に切り、種を取る。

2 1を蒸し器に入れて、10〜15分蒸す。

3 皿に盛り付け、ギー、シナモンパウダー、カルダモンパウダーかけて、ミントをそえる。

【疲れたときにほっとするレシピ】

かぼちゃ

やさしさ溢れる かぼちゃのポタージュ

癒し効果のあるシナモンの香りを効かせた、からだも心も温まるかぼちゃのスープ。
コンソメ不使用なので、かぼちゃのしっとりとした甘みをじっくりと味わって。じんわりやさしい気持ちになれます。

材料

2〜3人分

- かぼちゃ … 300g
- 玉ねぎ … 100g
- ココナッツオイル … 大さじ1
- シナモンスティック … 1本
- 水 … 1/2カップ
- 塩 … 小さじ1
- 豆乳 … 1カップ
- アーモンド … 適量

作り方

1. かぼちゃは皮をむき、種・わたを取って一口大に切る。玉ねぎの皮をむき、薄切りにする。
2. フライパンにココナッツオイルを入れて熱し、シナモンをテンパリングする。
3. 玉ねぎを加えて炒め、しんなりしたらかぼちゃを加える。オイルを全体に回すように中火で炒める。
4. 水、塩を加えて蓋をして、かぼちゃがやわらかくなるまで中火弱で煮込む。
5. 4をブレンダーまたはミキサーでペースト状にする。フライパンに戻して、豆乳を加えてのばし温める。
6. 器に盛り、お好みで刻んだアーモンドをちらす。

One Point

テンパリングとは、ホールスパイスをオイルで熱して香りを移すこと

【疲れたときにほっとするレシピ】

――ほうれん草

ふわふわ ほうれん草の オムレツ

小さめの鍋に山盛りに入れてしっとりとさせたほうれん草を、しらすと卵で、ふわふわに仕上げて楽しみます。

イライラをしずめて、穏やかさを与えてくれるほうれん草は、胃腸が弱っているときにも◎。

材料／

2〜3人分

ほうれん草 … 2株
にんにく … ½片
卵 … 3個
塩・こしょう … 少々
オリーブオイル … 大さじ1
しらす … 30g

作り方／

1 ほうれん草は1〜2㎝くらいの長さに切る。にんにくをみじん切りにする。

2 卵を溶き、塩・こしょうで下味をつける。

3 小さめの鍋またはフライパンにオリーブオイルを入れて熱し、にんにくを炒める。

4 香りが出たら、ほうれん草を入れてしんなりするまで中火弱で炒める。しらすを加え、ざっくり炒め合わせる。

5 2を注ぎ入れる。軽く火を通し、ざっくりと混ぜる。

6 蓋をして、弱火で5分火を通す。

One Point

溶き卵を入れたら、ざっくりと軽く混ぜることでふわふわの食感に

【疲れたときにほっとするレシピ】

——バジル

これ万能！ バジルソース

初夏になると、実家の庭ですくすく育つバジル。バジル好きの母が、このソースをよく作ってくれます。

くるみの代わりにカシューナッツや松の実を使ってもＯＫ。バジルのさわやかな香りで癒されて。

材料

作りやすい分量

バジルの葉 … 50g

オリーブオイル … 120㎖

くるみ … 40g

塩 … 小さじ $\frac{1}{2}$〜1

作り方

1 オリーブオイル、くるみ、塩をブレンダーで混ぜる。

2 1にバジルの葉を加えて、再びペースト状になるまで混ぜる。

3 煮沸消毒した保存瓶に入れた後、上からオリーブオイル（分量外）を蓋をするように注ぐと、変色しにくく長もちする。冷蔵庫で１週間ほど保存可能。

One Point

蒸し野菜や魚介類と和えるだけで、簡単に絶品の副菜が完成

Column 4

theme
［調理道具］

［せいろ］

旬の野菜を切って、せいろに入れて数分火にかけるだけ。湯気に包まれて気持ちよさそうに蒸された野菜は、それだけで絶品です。蒸した食材を、調味料で和えておかずや和え物を作ったり、オイルと塩を加えてお湯を注ぎスープにしたりと、幅広く楽しめます。食材を入れて火にかけるだけで、付きっきりで見ておく必要もないので、忙しいときほどせいろは大活躍します。

［土鍋］

土鍋で炊いたごはんは、ほっこりと心がゆるむおいしさです。慣れると簡単で便利で、手放せなくなるはず。土鍋でじっくりと火を通して作る、スープや煮物も格別です。

［土鍋でのごはんの炊き方（2合分）］

1. 研いだ米をボウルに入れ、水に20～30分（冬は1時間）ほど浸ける。水を切り土鍋に入れ、米と同量の水を加える。
2. 強火にかけて、ふつふつ沸騰したら弱火にして約15分加熱する。
3. 火を止めて、10分ほど蒸らす。

※使用する土鍋によって加熱時間は多少異なります。

料理上手になる調理道具

きちんと手入れすれば、一生ものになってくれる調理道具。
土鍋、せいろ、鉄フライパンは素材の味を引き出して、料理をおいしくしてくれるだけでなく、実は料理をラクにしてくれる、頼れるキッチン道具なのです。

［鉄フライパン］
オイルをなじませたら、食材を並べて弱火にかける。じっくりと火の入った食材は、とってもジューシー。素材の旨味が引き出され、とてもおいしく仕上がります。途中で水分を加えれば、しっとりとした蒸し焼きに。多めの水分を加えれば、スープや煮物、カレーもおいしく作れちゃいます。

自然素材でできた調理器具は、食材をうんとおいしくしてくれて、からだにもうれしいのです。

写真右から
DAY BY DAY「SAKURA」（直径23㎝）
照宝「桧せいろ 身・蓋」（24㎝）
バーミキュラ「バーミキュラ フライパン」（26㎝、ハンドル：オーク材）

夏・冬の不調に

こもり熱を取る・
からだを温めるレシピ

じめっと暑い夏は、
太陽に元気をもらいながらも、
からだにこもり熱がたまって、疲労しやすい季節。
余分な熱を穏やかに取ることで、
心地よい夏を過ごすことができます。
なすやオクラなど、夏野菜と薬味を使って、
夏のからだをさわやかに整えましょう。
そして冷たい風が吹き、からだの冷えが気になる冬。
冷えは万病の元というように、
からだのコリや便秘、心の不安にもつながります。
にんじんやごぼうなど、
からだを温める食材を、
みずみずしく温かい料理にして、
ぽかぽかのからだに整えます。

【こもり熱を取るレシピ】

丸ごとトマトのお浸し

——トマト

まるまるのトマトが、夏のからだにこもった熱を逃して、調子の乱れを整えてくれます。さっと火に通すことでトマトの酸味を抑えられ、甘みが増します。薬味をたっぷりと効かせているので、消化にもやさしいです。

材料／

3～4人分

トマト … 中3～4個
大葉 … 3枚
しょうがスライス … 3枚

>だし

昆布だし … 1カップ
薄口しょうゆ … 大さじ2
みりん … 大さじ2

作り方／

1 トマトはヘタを取り、お尻に十字に切り込みを入れる。

2 大葉、しょうがを千切りにする。

3 だしの材料を合わせる（みりんのアルコール分が気になる場合は、一度煮立たせる）。

4 鍋にお湯を沸かして、1を入れ10～20秒湯通しする。すぐに氷水にとり、粗熱を取ったら手で皮をつるりつるりとむいていく。

5 保存容器に4を入れて、3をそそぐ。ラップで密閉して、冷蔵庫で1～2時間冷やす。

6 器に盛り、2をそえる。

One Point

容器に皮をむいたトマトを並べ置き、だしに浸した状態で冷蔵庫で冷やす

【こもり熱を取るレシピ】

——なす

残暑をうるおす
秋なすの煮物

水分たっぷりでみずみずしいなすは、夏のこもり熱を取ってくれて、からだを適度に冷やしてくれます。

懐かしい味わいの煮物に、暑さで疲れた心も、ほっと穏やかに。冷やして食べるとさらにおいしいです。

材料

3〜4人分

なす … 4本
昆布だし … 1カップ
みりん … 大さじ3
しょうゆ … 大さじ1
砂糖 … 大さじ1
おろししょうが … 適量

作り方

1 なすはヘタを取って縦半分に切り、皮に隠し包丁を入れる。食べやすいように、長さを半分に切る。

2 1を水に浸して軽くあくを抜く。

3 鍋に昆布だし、みりん、しょうゆ、砂糖を入れて煮立たせる。

4 1を加えて落とし蓋をして、弱火で15〜20分煮る。

5 器に盛り、上から煮汁をかけておろししょうがをそえる。

One Point

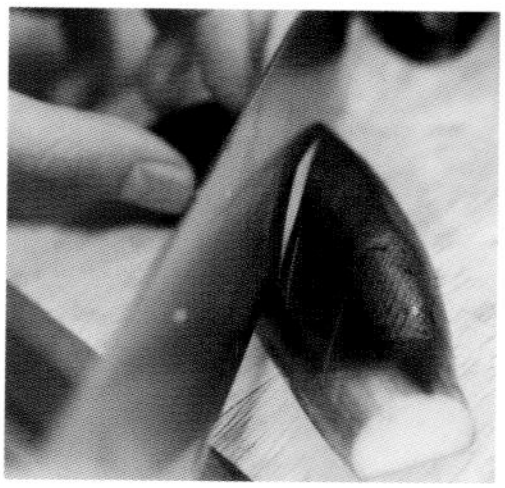

なすに隠し包丁を入れておくことで、味が染み込みやすくなる

【こもり熱を取るレシピ】

きゅうり

ひんやり ごまきゅうり

シャキシャキ食感の甘じょっぱいごま和えは、やみつきになるおいしさです。

90%以上が水分のきゅうりは、夏の水分補給を助けてくれる野菜。からだをうるおして、余分なこもり熱を取ってくれます。

材料

3〜4人分

きゅうり … 2本
みょうが … 1個

＞A
ごま油 … 大さじ1
白すりごま … 大さじ1
しょうゆ … 大さじ1
砂糖 … 小さじ2
酢 … 大さじ1

作り方

1 きゅうりをじゃばら切りにする(輪切りでもOK)。みょうがをみじん切りにする。

2 きゅうりを塩水（水500mℓに塩大さじ1）に15分ほど漬ける。

3 2の水気をしっかり切って、一口大に切る。

4 ボウルにAとみょうがを混ぜ合わせる。

5 4に3を入れて和え、15分ほどおいて味をなじませる。

One Point

じゃばら切りにすることで、調味料がしっかりからまる。食べやすくもなる

【こもり熱を取るレシピ】

―――― オクラ

オクラごま和え
オクラ梅おかか

オクラの苦み、渋みが、夏のだるくて重たいからだをスッキリとデトックス。味わい深いごま和えとさっぱりした梅おかか和え、お好みで楽しんで。

材料／3〜4人分

>ごま和え

オクラ … 10本
白すりごま … 大さじ2
しょうゆ … 小さじ1
砂糖 … 小さじ1

>梅おかか和え

オクラ … 10本
たたき梅 … 2粒分
かつお節
 … ひとつまみ

作り方／

1 オクラの茎を切り落とし、ガクを一周むき取る。

2 鍋に湯を沸かし、1を入れて1〜2分湯がく。

3 オクラを氷水にとって冷やす。

4 水気を切って、一口大に切る。

5 4を、ごま和え・梅おかか和え、それぞれの調味料で和える。

【こもり熱を取るレシピ】
——— 夏野菜

暑さをゆるめる夏野菜の焼き浸し

からだを適度に冷やしてくれる夏野菜。だしつゆを作っておけば、好きな夏野菜を焼いて浸すだけで1品完成。素麺に合わせても◎。

材料／3〜4人分

なす … 3本
オクラ … 6本
ミニトマト … 6個
かぼちゃ … ⅛個
だしつゆ … ½カップ
昆布だし（水でも可）
… 2カップ
しょうが … 1片
米油 … 大さじ2

>だしつゆ
※上記で使用するだしつゆ
しょうゆ … 1カップ
みりん … ¾カップ
かつお節 … 約20g
昆布 … 約5㎝

作り方／

>焼き浸し

1 野菜を好みの大きさに切る。

2 バットに、だしつゆ、昆布だし、スライスしたしょうがを入れる。

3 フライパンに米油を入れて熱し、1の野菜を加えて焼き目がつくまで中火で焼く。

4 3を2のつゆに浸す。

>だしつゆ

1 すべての材料を鍋に入れて、中火にかける。

2 煮立ったら弱火にして、5分煮る。粗熱を取り、ザルでこす。

※冷蔵庫で2週間ほど保存できるので、作っておくと便利。

【からだを温めるレシピ】

にんじん

温まる にんじんのサブジ

冷えが気になる人は、からだを温めてくれるにんじんがおすすめです。油分と水分を含ませて、しっとり焼き上げることがポイント。

じっくり火を通したにんじんはいちだんと甘く、おいしくなります。

材料／ 2〜3人分

にんじん … 2本
ギー（もしくは米油）… 大さじ1
クミンシード … 小さじ1/2
コリアンダーパウダー … 小さじ1/2
塩 … ふたつまみ

作り方／

1 にんじんを皮付きのままお好みの大きさに切る。

2 フライパンにギーを入れて熱し、クミンシードを加えて中火で香りが立つまで炒める。

3 1を加えて中火弱で火を通す。軽く焼き目がついたら裏返す。

4 少量の水（分量外）を加えて蓋をして、竹串がすっと通るまで15〜20分蒸し焼きにする。

5 コリアンダーパウダーと塩を加えて、炒め合わせる。

One Point

パウダースパイスは、調理工程の最後に入れると香りがとばない

【からだを温めるレシピ】

――ごぼう

寒い日の
ごぼうの
黒ごま和え

寒さが厳しい日は、黒ごまと米油の味付けで、しっとりうるおったごぼうが食べたくなります。やわらかくなるまで丁寧に茹でたごぼうは、からだに染みわたる滋味深い味わいで、ほっと癒されます。

材料／

2〜3人分

ごぼう … 200g

黒ごま … 大さじ2

> A

米油 … 小さじ2

しょうゆ … 大さじ1

砂糖 … 大さじ1

ごぼうの茹で汁 … 大さじ1

塩 … ひとつまみ

作り方／

1 ごぼうはよく洗い、皮付きのまま乱切りにする。

2 鍋に1を入れて、ひたひたになる程度の水を加え、やわらかくなるまで茹でる。

3 すり鉢で黒ごまをする（すりごまでもOK）。すり鉢または、ボウルに黒ごまとAを合わせる。

4 3に2を加えて和える。

One Point

茹で汁を調味料に使うので、少量の水で煮て旨味をしっかり引き出す

【からだを温めるレシピ】

—— れんこん

れんこんの粕汁

からだを温めてくれる根菜のれんこんと、代謝を高めてくれる酒粕を合わせた汁物。寒い季節のからだの不調を整えます。

材料／2〜3人分

れんこん … 100g
にんじん … 50g
油揚げ … 1枚
米油 … 小さじ1
昆布だし … 2カップ
酒粕 … 100g
白味噌 … 大さじ1

作り方／

1 れんこんは硬そうなら皮をむき、にんじんは皮付きのまま、3㎝幅の縦切りにする。油揚げを短冊切りにする。

2 鍋に米油を入れて熱し、1を加え、軽く焼き目がつく程度に炒める。

3 昆布だしを加えて、4〜5分中火弱で煮る。

4 酒粕を溶き入れて、10分ほど煮る。

5 野菜に火が通ったら、火を止めて白味噌を溶き入れる。

【からだを温めるレシピ】

――― しょうが

ぽかぽか しょうがしょうゆ

からだを温めて、消化力を高めてくれるしょうがを使った万能調味料。ごはんのお供にしたり、茹で野菜と和えたりと、いろいろ楽しめます。

材料／作りやすい分量

しょうが … 200g

＞A

酒 … 70㎖
しょうゆ … 70㎖
みりん … 35㎖

作り方／

1 しょうがをみじん切りにする。

2 鍋に1、Aを加えて、ひと煮立ちさせる。

3 煮沸消毒した保存瓶に入れる。冷蔵庫で1週間ほど保存可能。

【からだを温めるレシピ】

——しょうが

魅惑のスパイスチャイ

体調や気分を整えたい寒い日の朝に、私が飲むのはこの一杯。スパイスが巡りをよくしてからだを温め、やさしい香りが癒しとやる気を与えてくれます。気分に合わせてスパイスや甘みの量を変えて楽しんで。

材料／

作りやすい分量

シナモンスティック … 1/2 本
カルダモン（ホール）… 3 個
クローブ（ホール）… 3 個
黒こしょう（粒）… 3 個
水 … 2 カップ
しょうがスライス … 3 枚
チャイ茶葉 … 大さじ 1
豆乳 … 1 カップ
きび砂糖 … ティースプーン 2 杯

作り方／

1 シナモンを細かく折る。カルダモン、クローブ、黒こしょうは軽くつぶす。

2 鍋に水、1を加えて、水の分量が半分になるまで煮詰める。

3 しょうがスライス、チャイ茶葉、豆乳、きび砂糖を加えて煮込む。

4 1回ぶくぶくと煮立たせる。

5 茶こしでこして、カップに注ぐ。

One Point

ぶくぶくと煮立てることで材料が混ざり、全体の味わいの調和が取れる

Column 5

theme
［ご褒美レシピ］

休日の自分へのご褒美レシピ

休日の自分へのご褒美に作りたい、ちょっと手の込んだ料理。おもてなしにもぴったりな「マッシュルームグリル」と、大人から子どもまで楽しめる「じゃがいもガレット」で、食卓を特別なものに。

　じっくりと火にかけて香りをぎゅっと詰め込んだ、マッシュ

じゃがいもガレット

材料／2〜3人分

じゃがいも … 2個
塩 … ふたつまみ
こしょう … 少々
ギー
（もしくはオリーブオイル）
… 大さじ1

作り方／

1 じゃがいもは皮をむいて、スライサーで細めの千切りにする。包丁でも◎。

2 1に塩、こしょうを加えて混ぜる。

3 フライパンにギーを入れて熱して2を加え、丸くなるように形を整えながら中火で焼く。

4 途中、周りから追加でギー（分量外）を少量加えてカリッとさせる。

5 焼き目がついたらひっくり返してさらに焼く。追加でギー（分量外）を加えて、カリッと仕上げる。

マッシュルームグリル

材料／2〜3人分

マッシュルーム … 6個
にんにく … ひとかけ
トマト … ¼個
生パセリ … 5g
オリーブオイル … 大さじ1
塩 … 小さじ¼
パン粉 … 適量

作り方／

1 マッシュルームの軸を取る。

2 マッシュルームの軸、にんにく、トマト、生パセリをそれぞれみじん切りにする。

3 ボウルに2を入れて、オリーブオイル、塩を加えて和える。

4 マッシュルームの傘に、3をぎっしりと詰める。

5 パン粉をふって、グリルで弱火で5分焼く。

ルームを頬張ると、口の中にじゅわっと旨味が広がります。ガレットはじゃがいもの甘みと、カリッともちっと食感で、虜になっちゃうおいしさ。

じゃがいもガレット

マッシュルームグリル

甘いものを食べたくなったときのスペシャルレシピが「栗あん」と「満月クッキー」。自然の甘みがからだの滋養となり、癒しを与えてくれます。

きび砂糖で作った栗あんは、栗好きにはたまらない1品。パンやクラッカーにのせたり、そのままでも楽しめます。

さつまいもと米粉の満月クッキーは、ギーをたっぷり使って、素朴だけど味わい深いおいしさに。満月のような丸いフォルムにも癒されます。

栗あん

材料／作りやすい分量

栗（鬼皮付き）… 400g
きび砂糖 … 40〜60g
塩 … ひとつまみ
水 … 50ml

作り方／

1. 栗をさっと洗って、沸騰したお湯に入れて30分ほど茹でる。
2. 1を半分に切り、スプーンでキレイに実をかき出す。
3. 鍋に2、きび砂糖、塩、水を入れて火にかけて、沸いてきたら弱火にして、ヘラで混ぜながら5分ほど加熱する。
4. 粗熱が取れたら、煮沸消毒した保存容器に移す。冷蔵庫で3〜4日ほど保存可能。

満月クッキー

材料／作りやすい分量

さつまいも … 100g
きび砂糖 … 20g
ギー
（もしくはココナッツオイル）
… 30g
アーモンドプードル … 80g
米粉 … 80g
黒ごま … 適量

作り方／

1. さつまいもの皮をむき、1cm幅に輪切りにする。鍋に入れてひたひたの水で茹でる。
2. 竹串がすっと通るほどやわらかくなったら湯を捨てる。再び鍋を火にかけ、さつまいもをつぶしながら、水気をとばす。
3. きび砂糖、ギーを加えて溶かし和える。
4. アーモンドプードル、米粉を加えて和える。
5. 直径4cmくらいに丸く形作り、上に黒ごまをのせ、160℃に予熱したオーブンで約25分焼く。

栗あん

満月クッキー

Epilogue

私の転機となった出来事は、ちょうど3年前、
それまで元気だった父との突然の別れでした。
深い悲しみに打ちひしがれましたが、
この経験は命を育む生活をしていこうという決意に変わりました。
その頃からからだと心を整えることを深め、広げていきたいと、
ＳＮＳでの発信に力を入れ始めました。

コツコツと料理にかける想いを綴っていたら、
その発信が響いて、今回の書籍出版の話につながりました。
そこから、たくさんの素敵な方々のスパイスが加わり、
とっても素敵なハーモニーが生まれ、
この本ができあがったことに感謝が溢れています。
本当にありがとうございます。

目を閉じてふ〜っと頭の中を空っぽにして、
自分のからだと心に、目を向けてあげてください。

寒くてからだが冷えているから、じんわり温めてくれる食事にしよう。